AF139084

Christine Arnim

Grenzerfahrung Liebe

Bibliografische Information der Deutschen Nationalbibliothek: Die Deutsche Nationalbibliothek verzeichnet diese Publikation in der Deutschen Nationalbibliografie; detaillierte bibliografische Daten sind im Internet über http://dnb.d-nb.de abrufbar

Impressum

Copyright © 2015 Christine Arnim / 2. Auflage
Covergestaltung und Titelbild: Bianka Schüssler
Alle Rechte vorbehalten
Hrsg: Bianka Schüssler

Herstellung und Verlag:
Books on Demand, Norderstedt
ISBN 9-783-7386-2185-3

Vorwort

Die Hölle auf Erden. Ich erlebte sie. Nicht selten gibt es diese Momente, in denen ich es nicht glauben kann, dass es tatsächlich vorbei ist. Gleichzeitig frage ich mich dann, ob das wirklich alles passiert war.

Meine Texte, in die ich versuchte zu flüchten, dokumentieren, dass ich nicht nur träumte. Es ist wahrhaftig passiert. Und es ist mir passiert.

Ich war damals skeptisch, meine Texte für eine Veröffentlichung zur Verfügung zu stellen. Heute weiß ich, dass es noch einmal etwas in mir bewegt hat, was wichtig war und was bewegt werden musste, um es endgültig abschließen zu können.

Ich hätte nie gedacht, dass mich die Konfrontation mit der Vergangenheit noch einmal so hätte aufwühlen können. Ich habe seitdem einiges erneut durchlebt, mit anderen Augen und mit mehr Abstand betrachtet. Manchmal so als sei ich nur Zuschauer gewesen.

Dieser Abstand war wichtig. Die Verarbeitung noch wichtiger. Neue Erkenntnisse habe ich seither gewonnen. Ich denke, erst jetzt kann ich wirklich sagen, dass es ist abgeschlossen ist.

Abzuschließen war der Grund für mich, noch einmal zurückzugehen in diese Zeit. Noch einmal wollte ich zurückblicken auf Dinge, die noch darauf warteten, verarbeitet zu werden. So sah ich mir die einzelnen Etappen wie einzelne Wohnräume an, räumte dort auf und schloss die Tür hinter mir zu. Ich steckte den Schlüssel ins Türschloss und schloss ab - von außen. Vorbei diese Zeit, vorbei die Trauer. Zeit für innere Ruhe. Eine Ruhe, die mir jahrelang vergönnt war.

All die Versprechen, die nie eingelöst wurden. Zuckerbrot und Peitsche. Wenn ich glaubte, am untersten Punkt angekommen zu sein und keine Hoffnung mehr hatte, baute er mich wieder auf. Ließ mich mit sich träumen von einer schönen Welt. WIR, eine kleine Familie, harmonisch und zufrieden.

Jedoch sorgte er immer dafür, das Ruder nicht aus der Hand zu geben und mir, wenn er es für angebracht hielt, verständlich zu machen, dass ich das nur verdiene, wenn ich nach seinen Vorstellungen agierte. Und selbst dann reichte es nur für ein Danke, aber nie für ein Vergeben. Es war jedes Mal nur eine Stufe der Treppe, die ich nehmen durfte, dann kam die nächste, die höher war als die zuvor. Und diese Treppe hatte kein Ende.

Dann kam das entscheidende Ereignis, als ich nicht nur um mein Leben, sondern auch um das meiner Kinder bangen musste. Da machte es Klick und wie durch ein Wunder entwickelte ich eine Energie und Kraft, von der ich nicht mehr glaubte, dass sie noch in mir steckte. Und ich schaffte es.

Sind Sie in einer ähnlichen Situation, möchte ich ihnen Mut machen. Sie können es auch schaffen.

Tauchen Sie mit mir ein, in meine Vergangenheit, erfahren Sie, dass Sie nicht allein sind, nicht die einzige Person, der so etwas passiert. Oder verstehen Sie meine Erfahrung als Warnung, damit ihnen so etwas gar nicht erst passieren wird.

Ich wünsche allen den Respekt sich selbst gegenüber und ein hohes Maß an Selbstliebe. Denn dieser Respekt und die Selbstliebe sind es, die uns die Kraft verleihen, anderen Grenzen zu setzen.

Alles Liebe,
Eure Christine Arnim

Christine Arnim

Grenzerfahrung Liebe

Du hast in deinen Träumen Schlösser gebaut,

die Welt mit mir erobert.

Doch als du die wildesten Ideen erdachtest,

hattest du die Brücke zu mir,

nur einen winzigen Meter neben dir,

nicht mal angefangen zu bauen,

als du erwachtest.

Schenkte ich seinen Worten glauben, dann hätten wir zusammen große gemeinsame Ziele erreichen können. Er schaffte es auch nach der tausendsten Enttäuschung, meine Hoffnung auf eine positive Änderung erneut zu wecken. Die Hoffnung stirbt zuletzt. Und so war es auch.

So groß war mein Bedürfnis, geliebt zu werden. Ich wollte es mit ihm schaffen. Das war sein Anker. Er muss gespürt haben, dass neben der großen Bedürftigkeit auch eine Kämpfernatur in mir steckte.

Er schürte in mir den unbändigen Wunsch auf gemeinsame wundervolle Erlebnisse. Selbstverständlich kam es nie dazu. Es ging nicht darum, etwas von all dem zu realisieren. Ganz im Gegenteil, es ging darum, mir Hoffnung zu machen, um dann im entscheidenden Moment, den Traum platzen zu lassen wie einen Luftballon.

Wichtig dabei war, dass ich die Schuld haben musste, nein, ich korrigiere, dass ich glaubte, die Schuld zu haben. Ich war es, an der diese Träume scheiterten. Die Gründe legte er entsprechend subtil zurecht.

Und so durfte er gar keine Brücke zu mir aufbauen. Das hätte ihn destabilisiert und es galt, mich zu destabilisieren.

Dieses Auf und Ab der Gefühle,

es lässt mich nicht zur Ruhe kommen.

Ich wünschte mir, dass mein Herz einfriere,

nur einen Moment erstarre,

um dann, wenn die Zeit die Wunden geheilt,

zum Leben neu erwachte.

So manches Mal wünschte ich mir, in eine Art Winterschlaf zu verfallen. So groß war die Erschöpfung und die Hoffnungslosigkeit. Einfach hinlegen, schlafen, erholt wieder aufwachen und alles wäre vorbei. Wie ein böser Traum, aus dem man erwacht und erfreut feststellt, es war nur ein Traum.

Diese emotionalen Achterbahnfahrten nahmen mich mit. Sie nahmen mir die Kraft über Lösungen nachzudenken und die Angst lähmte mich, aktiv zu werden. An eine Umsetzung einer etwaigen Lösung war demzufolge gar nicht zu denken.

Die Tatsache, dass er bei allen einen so positiven Eindruck hinterließ, erschwerte es mir. Alle mochten, verstanden und schätzten ihn. Ich kam mir vor, als sei ich Zuschauerin meiner eigenen Hinrichtung. Eine langsame Hinrichtung.

Es war sein Ziel, dass ich mich allein und unverstanden fühlen, dass ich an mir und meiner Wahrnehmung zweifeln sollte. Und das tat ich.

Ein eingefrorenes Herz spürt keinen Schmerz, das war meine Hoffnung. Aber diese wurde nicht erfüllt.

Du kannst mir meine Kleider nehmen,

mein Geld, meine Arbeit und auch mein Haus.

Aber eines kannst du nich`,

so werden wie ich.

Nicht selten ging es in seinen Demütigungen darum, alles negativ darzustellen, was mir wichtig war. Ich sollte jeden Halt verlieren. Dazu gehörten auch Freunde, sogar Arbeitskollegen.

Er wusste, dass ich mit einem Kollegen das Büro teilte. Zu gern rief er mich im Büro an und begann zu streiten oder zu diskutieren. Ich war unfähig, einen süßen Abschiedsgruß zu säuseln und einfach aufzulegen.

Wie ein Vampir, sog er mir mein Leben aus. Er nahm Besitz von meinem Leben. Er stellte sich zwischen mich und meine Freunde, er wollte meinen Eltern ein besseres Kind sein, als ich es gewesen sein sollte, er machte aus meiner Wohnung seine und später aus unserem Haus, das Seinige.

So manches mal dachte ich, er wollte so sein wie ich. Aber das konnte doch gar nicht sein, denn er machte mir immer wieder klar, wie wertlos alles war, was ich besaß, was mir etwas bedeutete und was mich ausmachte.

Das gehörte wohl zum Plan. Und es dauerte lange, bis ich verstand, dass es darum ging, mir meine Identität zu nehmen. Ich sollte alles verlieren, ich sollte nichts mehr haben. Nicht einmal eine eigene Persönlichkeit. Die totale Haltlosigkeit, der freie Fall vor dem knallharten Aufprall.

Dein Ziel ist meine Erniedrigung,

sie bereitet dir so viel Befriedigung.

Manchmal frage ich mich, wie ich es schaffe,

wie ich mich jeden Tag aufs Neue zusammenraffe.

Zuckerbrot und Peitsche. Achterbahnfahrten mit Zwischenstopps, in denen ich zur Ruhe kommen durfte, aber die die Weiterfahrt nur um so schwerer machten.

Ich war nur gut, wenn ich gehorchte. Aber selbst, wenn ich versuchte, alles richtig zu machen, gelang es nur, wenn er es zuließ. Wollte er es nicht, dann interpretierte er das gesteckte Ziel neu. Wie eine Katze, die mit einer gefangenen Maus spielt.

Wenn ich das Ziel nicht erreichte, war die Frage, in welcher Gestalt die Erniedrigung diesmal über mich kam.

Ob ich diesen Gesichtsausdruck der tief empfundenen Zufriedenheit über einen erneuten Sieg über mich, sein Opfer, jemals vergessen werde?

War jemand wie er eigentlich in der Lage, liebevolle Gefühle zu entwickeln? Oder war das für ihn alles nur eine Art Buchhaltung? Eine Gegenüberstellung von Soll und Haben?

Wie hatte ich es nur geschafft, mich jeden Tag auf ein Neues aufzuraffen. Jeden Tag wieder zu funktionieren. Wo kam diese Kraft her, die ich in diesen Tagen schon gar nicht mehr in mir spürte. Aber sie war irgendwie da. Und eines Tages würde ich sie mehr denn je brauchen.

Es ist nicht der Hass auf dich,

sondern eigentlich auf mich.

Ich spreche dich schuldig für mein Leid,

weiß ich doch, es ist jemand anderes Kleid.

Ich zog es dir an, um dir zu zeigen, dass es dir passt.

Ich wollte sehen, wie es aussieht an dir.

Und ich befand, es stand dir wesentlich besser als mir.

Den Hass, den er auf mich projizierte, war der Hass, denn er für sich selbst empfand und vor allem auf seine Mutter. Er war als Kind emotional missbraucht worden. Ein Ersatz des Partners, weil der Vater nicht oder nur unzureichend als Mann zur Verfügung stand.

Deshalb musste er mir wohl immerzu dieses Gefühl vermitteln, dass ich keine Liebe verdient hatte. Ich machte nie etwas wirklich richtig, nie war etwas genug. Eine Projektion seiner Unzulänglichkeit, die ihm in Kinderjahren auferlegt worden war, auf mich, um sie bei mir zu bekämpfen.

Er übertrug mir die Schuld. Das war einfacher als seine Mutter oder sogar sich selbst zu hassen. So machte er mich dafür verantwortlich, für etwas, für das ich nicht verantwortlich sein konnte.

Es waren die Kleider seines Elternhauses. Sie passten mir nicht, er wollte nur, dass es so wäre. In diesem einen von einigen klaren Momenten,wusste ich, diese Kleider standen mir nicht.

So erklärte ich es mir zumindest. Verstehen heißt verzeihen. Und so versuchte ich zu verstehen. Aber ganz ehrlich, hatte so ein Mensch Mitgefühl und Verständnis verdient? Er war dabei, mich systematisch zu zerstören.

Ich liebe dich,

obwohl du hässlich bist.

Ich liebe dich,

obwohl du dumm bist.

Ich liebe dich,

obwohl du ohne Talent bist.

Ich sage dir, ich bin der Einzige, der dich nimmt.

Und genau das ist meine List.

Wenn ich all seine Vorwürfe zu meiner Person zusammengefasst hätte, hätte ich der Teufel sein müssen. Etwas, dass die Bezeichnung Mensch seiner Meinung nach, nicht ansatzweise verdient hätte.

Kein Tag verging, an dem er mich nicht mit einer meiner Schwächen konfrontierte. Gleichzeitig baute er mich damit auf, dass er mich dennoch so lieben würde, wie ich sei. Und das wäre mein großes Glück.

Niemand könnte einen so unwürdigen Menschen lieben. Aber er tat es. Er blieb bei mir. Er verließ mich nicht. Er stand zu mir. Daher gesagte Beteuerungen.

Worte, denen keine bestätigende Handlung folgt, sind nur Worte.

Mein Selbstbewusstsein zerstören und die Chance auf ein anderes Leben mit jemandem nehmen, der mich akzeptiert und respektiert. Das war sein Weg, mich an sich zu binden und mich gefügig zu machen.

Heute weiß ich, dass das keine Liebe war. Die Vokabeln Dressur oder Konditionierung treffen es besser.

Mit dem nötigen Abstand wird vieles so offensichtlich, was sich mir damals völlig vernebelt zeigte.

Deine warmen Worte umhüllen mich,

sie betten mich auf Federn.

Ich segle auf ihnen durch die Nacht.

Ich fühle mich so leicht, so beschwingt, so umwacht.

Doch dann trifft mich deine harte Hand

und ich lande mit voller Wucht an der Wand.

Da ist sie wieder, die Realität.

Nach jeder Demütigung erfolgte der seelische Aufbau. Zuckerbrot und Peitsche. Ich erwähnte es bereits.

Ich sog in diesen Zeiten, seine Schmeicheleien, seine Liebenswürdigkeiten, seine Aufmerksamkeit wie ein trockener Schwamm das Wasser auf.

Es beflügelte mich, es machte mich glücklich. Ich glaubte wieder an uns. Ich glaubte auch wieder an mich.

Aber diese Zeiten waren von kurzer Dauer und nicht selten kam die Ernüchterung in Form von harten Worten, später in Form von Handgreiflichkeiten noch am selben Tag.

Die Träumereien hatten ein Ende, die Hoffnung legte sich wieder schlafen, die Realität stand vor mir, starrte mich mit kalten und harten Augen angriffslustig an.

Ich erstarrte innerlich vor so viel Härte. Wie konnte man einem Menschen, dem man versicherte, ihn zu lieben, so begegnen?

Ich denke, dass es auch diese Fassungslosigkeit war, die mich aktionsunfähig machte. Ich versuchte immer noch etwas zu verstehen, was für meinen Geist einfach nicht zu verstehen war.

Trauer, wie nur du sie kennst.

Tränenmeer, das wie Feuer brennt.

Tiefe Liebe, die das Herz in Stücke reißt.

Und wieder bist du es,

die die Zähne zusammenbeißt.

Trauer und Tränen, das waren die Hauptelemente in dieser Lebensphase. Ich dachte auch, es wäre meinerseits Liebe. Heute weiß ich, es war Abhängigkeit und Bedürftigkeit. Beides erwuchs aus einem mangelnden Selbstbewusstsein. Wichtige Erkenntnisse für mich.

Immer wenn ich mein Herz öffnete, stach er bildlich gesprochen, mit einem Messer hinein. Je mehr ich es öffnete, desto tiefer waren die hinterlassenen Wunden. Ich machte es ihm leicht.

Und wieder schaffte er es, dass ich die Schuld bei mir und nicht bei ihm suchte. Und so biss ich die Zähne zusammen und machte weiter wie bisher.

Ich setzte mich in die gleiche Achterbahn, in der ich schon so viele Male saß. Ich startete die gleiche Fahrt in dem Wissen, es würde mir wieder den Magen von innen nach außen kehren.

„Wer hat noch nicht, wer will noch mal?"

Und ich sah mich in der ersten Reihe, die Arme in die Luft geworfen, lauthals rufen: ICH! ICH! ICH!

Dann biss ich die Zähne zusammen für eine neue Fahrt mit dem selben Ziel.

Du verteilst harte Hiebe

und nennst es leidenschaftliche Liebe.

Du schlägst mit deinen Worten um dich

und nennst es, du sorgst dich um mich.

Wenn das Zeichen deiner Liebe sind,

wird das in meinem Bauch zu keinem Kind.

Ich wurde geschlagen. Mit Fäusten und mit Worten. Die Schläge mit Worten waren von größerer Schlagkraft.

Verwüstende und zerstörende Worte verursachten Wunden, die große Narben hinterließen und mit jedem Wort in die gleiche Wunde, tiefere, größere und härtere Narben.

Die Fäuste bewirkten körperliche Schmerzen und blaue Flecken, die aber wieder verschwanden. Die Worte hinterließen Schmerzen und Narben auf meiner Seele, die für immer bleiben sollten.

Nach den Schlägen gab es Entschuldigungen und Beteuerungen auf Besserung. Es dauerte lange bis ich begreifen wollte, dass diesen Worten niemals Taten folgen würden.

Er schlug mich sogar während der Schwangerschaft. Er hatte vor nichts Respekt.

Ich erwischte mich mehrfach mit dem Gedanken, dem neuen Leben in mir, diese hässliche Welt ersparen zu wollen. Ich schäme mich dafür. Es war die pure Hilflosigkeit und Verzweiflung.

Wie dankbar ich heute bin, dass ich diese Vorstellung nicht umsetzte. Dieses wunderbare Wesen, das aus mir erwuchs, gehört zu den drei kostbarsten Schätzen meines Lebens.

Du belügst mich ganz unverfroren

und sagst, ohne mich bist du verloren.

Du betrügst mich mit anderen Frauen

und sagst, du kannst mir vertrauen.

Du verlangst bedingungsloses Geben,

kannst es aber selber nicht ansatzweise leben.

Zu werden, wie du mich brauchst,

dafür ist dir jedes Mittel recht,

du bist so verdammt narzisstisch und selbstgerecht.

Selbstverständlich gehörten auch Lügen aller Art, die ihn in ein positives und mich in ein negatives Licht rückten, zu seinen Angewohnheiten.

Ich wusste, dass er sich anderweitig vergnügte. Zuerst versuchte er es zu vertuschen, später machte er sich einen Spaß daraus, mich im Dunkeln tappen zu lassen. Es gab nur wage Andeutungen oder er wich aus. Auf keine Frage bezog er konkret Stellung. Es gefiel ihm, mich zweifelnd zu sehen. Wenn ich mit diesen Dingen beschäftigt war, konnte ich nicht über andere Dinge nachdenken. Zum Beispiel darüber, ob und wie ich ihn verlassen könnte.

Er genoss es sogar, uns miteinander bekannt zu machen und in Kontakt zu bringen. Mein Gefühl sagte mir, dass sie dazugehörte, aber bestätigen tat er es nie. Er ließ es offen und mich im Ungewissen. Das war die Taktik.

Ich sollte alles akzeptieren, was er tat. Egal, wie respektlos und menschenverachtend es war. Er war der Kaiser, ja so begegnete er mir, als Hierarch. Ich sollte so werden, wie er es brauchte, weil er mich nur so im Griff haben konnte.

Der Misserfolg ist vorprogrammiert, wenn man Spiele mitspielt, die man nicht gelernt hat und deren Regeln permanent geändert werden.

Niemand kann jemanden lieben,

der so dumm ist wie du.

Nur ich, ich will es.

Niemand kann jemanden lieben,

dessen Geist so krank ist wie deiner

Nur ich, ich will es.

Niemand kann jemanden lieben,

der so hässlich ist wie du

Nur ich, ich will es.

Denn das gibt mir die Macht über dich.

Macht und Kontrolle waren die Zauberworte. Für seine Kontrollsucht benötigte er eine akribische Genauigkeit. Nur so konnte er die Situation beherrschen.

Erniedrigung bei gleichzeitigem Beteuern von großer Liebe und Unterstützung. Immer wieder Bemerkungen, wie dumm, wie hässlich, wie unfähig ich sei.

Gleichzeitig ließ er mich wissen, dass er aber trotzdem an der Verbindung festhalten wollte. Er wollte bis ans Ende seiner Tage an meiner Seite sein, so wie er es gelobt hatte. Wie froh ich doch heute bin, dass dies nicht in Erfüllung gehen sollte.

Es widersprach sich alles so sehr, dass es jeden klar denkenden Menschen sofort wachgerüttelt hätte. Nicht aber mich. Ich zweifelte, an mir, nicht an ihm. Wie verrückt, im wahrsten Sinne des Wortes.

Ich war verrückt. Verrückt aus meiner Mitte, die mir, die jedem gemeinhin Stärke gibt.

Wenn der Turm einmal wackelt, bedarf es nicht mehr viel, um ihn zum Einstürzen zu bringen.

Wenn Liebe zum Gefängnis wird,

Berührungen zu Fesseln,

wenn die Seele schreit und fleht,

dann ist es höchste Zeit, dann geht!

Ich fühlte mich wie eine Gefangene. Immer auf der Hut, keinen Fehler zu machen.

Seine Berührungen waren wie elektrische Stromschläge für mich. Zu dieser Zeit empfand ich seine Schläge angenehmer als seine Liebkosungen.

Erhielt er auf seine Zärtlichkeiten nicht die gewünschte Reaktion, nahm er sich mit Gewalt, was ihm als meinem Ehemann zustand.

Meine Seele ging derweilen auf Wanderschaft in eine schönere, friedvolle und liebevolle Welt, in der ich so sein durfte, wie ich war und trotzdem oder gerade deshalb geliebt wurde.

Und meine Seele schrie und flehte mich an. Ich ermahnte sie, zu schweigen. Ich wollte es nicht hören, was sie mir zu sagen hatte.

Aber irgendwann musste ich ihr zuhören und ihrem Wunsch nachkommen. Es war der Zeitpunkt als nicht mehr nur ich Zielscheibe seiner Angriffe wurde.

Von der Vorstellung, gehen zu wollen bis zum Entschluss, es in die Tat umzusetzen, sollte jedoch noch eine Weile vergehen.

Ich glaubte, mich durch dich zu finden,

doch ich habe mich mehr und mehr verloren.

Ich sah all meine guten Eigenschaften schwinden.

Nun wünschte ich, ich wäre nie geboren.

Aber das ist die falsche Sicht

und ich rücke mich wieder in schlechtes Licht.

Du solltest es sein, weil du die Wahrheit nicht magst,

weil du dich selber nicht zu sehen wagst.

Irgendwann wusste ich nicht mehr, ob diese Person, die ich dort im Spiegel sah, noch ich war. Ich handelte und ich sprach anders. Jeden Satz ging ich im Kopf durch und malte mir die Konsequenzen aus, bevor ich ihn aussprach.

Ich hatte mich total verloren. Ich wusste nicht mehr, wer ich war. Diese Person hatte nichts mehr mit der zu tun, die damals wegen ihrer großen Liebe, das Elternhaus verließ. Ich war ängstlich und konnte nicht mehr ungezwungen leben.

Wo waren meine positiven Seiten, auf die ich immer so stolz war und die mich ausmachten, geblieben? Je weniger ich mich mochte, desto weniger mochten mich auch andere.

Diese Person, die ich sah und sprechen hörte, wollte ich nicht sein. Zu feige, meinem Leben ein Ende zu setzen, wünschte ich mir, ich wäre nie geboren worden.

Aber ich schaffte es irgendwann doch, mich zurückzuholen und mir bewusst zu machen, dass es doch nur seine Worte waren, die mich glauben ließen, dass ich wertlos war. Es waren seine schlechten Seiten, die er mir übertrug, um sie bei mir zu bekämpfen. Anstatt sich mit sich selbst auseinander zu setzen, war ich die Zielscheibe.

Es war Zeit, den Blickwinkel zu ändern.

Wenn eine Liebe nur einen Tag lang zählt

und sie dich immer wieder aufs Neue verprellt,

dann frage dich, ob es dieses Auf und Ab ist,

was dein Leben zusammenhält.

Ja, manches mal fragte ich mich, ob ich diese extremen Karussellfahrten benötigte, um mich lebendig zu führen.

Wäre ein harmonisches Leben in einer von Respekt geprägten Ehe womöglich zu langweilig für mich gewesen? Heute weiß ich, dass dieser Gedankengang falsch war, weil ich es heute so lebe und glücklich bin.

Der Wettlauf um die Liebe begann jeden Tag aufs Neue. Jeden Tag ein neuer Versuch, das Rennen zu gewinnen. Ein Rennen, das im Kreis verlief. Auf der Laufstrecke jede Menge Glasscherben ausgelegt und vorm Rennen die Sportschuhe verbrannt, hieß es: Lauf, Mädchen, lauf.

War ich eine Masochistin? Nein. Ich erlebte nur, was ich aus meiner Kindheit bereits kannte. Um Liebe bettelnd und kämpfend. Ich gehörte nicht zu den Kindern, die um ihrer Selbst willen geliebt wurden. Ich musste mir die Liebe erarbeiten. Und so wiederholte ich es mit diesem Mann.

Da mir dieses Muster so bekannt war, konnte ich auf der einen Seite gut damit umgehen, um gleichzeitig festzustellen, dass es mich unermesslich unglücklich machte.

Du raubst mir meine Identität

und machst sie zu deiner.

Glaubst, du machst mich dadurch kleiner.

Es gab eine Zeit, da glaubte ich dir.

Aber die ist nun vorbei,

und aus dem Goldfisch wurde ein Hai.

Eines Tages stellte ich fest, dass er die gleichen Dinge und die gleichen Marken wie ich kaufte. Er wechselte den Kleidungsstil und seine Interessen. Er kopierte mich. Zunächst war ich davon irritiert und verwarf meine Gedanken sehr schnell wieder.

Irgendwann war es aber so viel, dass es kein Zufall mehr sein konnte. Bewunderte er mich so sehr, dass er so sein wollte wie ich? Das konnte nicht sein. Er predigte mir doch immer, das ich von nichts etwas verstünde und weder Stil noch Geschmack hätte.

Aber es ging auch hierbei nur darum, mir meine Identität zu nehmen und mit mir zu verschmelzen, damit ich mich nicht mehr als Individuum wahrnehmen sollte. Die Grenzen sollten verwischt werden, um mir die Möglichkeit zu nehmen, mich abzugrenzen, ihm Grenzen zu setzen.

Zu dieser Zeit begann ich bereits mich freizuschwimmen. Ich konnte viel öfter klarer sehen und emotionsfreier und vor allem angstfreier agieren. Aber es waren noch Momente von kurzer Dauer, nach denen ich wieder in meine alten Muster verfiel.

Die Vorstellung, dass aus dem genügsamen Goldfisch ein aggressiver Hai werden könnte, gefiel mir. Daran wollte ich gern festhalten.

Was ist das für eine Liebe, die sich nur meldet,

wenn der andere vor Schmerz zerbricht?

Was ist das für eine Liebe, die sich nur meldet,

wenn der andere klein und hilflos ist?

Was ist das für eine Liebe, die sich nur meldet,

wenn der andere sich der Macht entzieht?

Was ist das für eine Liebe, die sich nur meldet,

wenn die Selbstachtung des anderen versiegt?

Ist das die Liebe, deren Ursprung in der Erschütterung

der Kinderseele liegt?

Liebe bekam ich nur, wenn er mich zuvor „gebrochen" hatte. Seine Methoden waren ursprünglich seelische Demütigungen, später kamen körperliche Züchtigungen hinzu. Für mein Einknicken reichte es völlig aus, den Eindruck zu erwecken, die Hand könnte ihm ausrutschen.

Wenn ich klein und am Boden zerstört war, wenn ich weinend und vor Erschöpfung zusammenbrach, dann drehte sich das Blatt.

Der Wolfspelz wurde abgelegt und ein Lamm erschien. Mit traurigen Augen, entschuldigend, Reue zeigend. Jede Entschuldigung beinhaltete im Nebensatz, die Aussage, dass ich ihn so weit getrieben hätte. Er schämte sich dafür, aber ich würde aus ihm diesen unkontrollierten Mann machen, hieß es dann.

Diese Verhaltensweisen zeigte er auch in den Momenten, in denen ich stark war und den Anschein erweckte, er hätte seine Macht über mich verloren. Auch dann erhielt ich Zuspruch und Aufmerksamkeit.

Er lebte den Missbrauch aus, den er selbst als Kind erfahren hatte, so versuchte ich es zu erklären. Verstehen heißt verzeihen. Aber es machte die Situation nicht erträglicher und es ging auf meine seelische und körperliche Gesundheit.

Sind Fesseln auch aus edelstem Silber,

macht es den Schmerz nicht milder.

Sind sie hingegen aus Edelstahl,

magst du denken, du hättest die Wahl.

Tatsächlich aber hast du nur eins: die Qual.

Ich konnte es drehen und wenden, wie ich wollte, es änderte sich nichts. Hatte er es geschafft, mich vor körperlichem oder seelischem Schmerz weinend zu sehen, gab es wieder „vorgespielte" Liebe. Es gab Aufmerksamkeit, aufbauende Worte, ja sogar Zärtlichkeiten.

Egal, ob ein Käfig aus Gold, Silber oder Edelstahl ist, es ist und bleibt ein Käfig. Ein Käfig als äußeres Gefängnis, die Seelenqualen als inneres. Pest oder Cholera.

Es war nie abzusehen, wann der nächste Ausbruch kam. Es war nie abzusehen, warum und in welchem Ausmaß. Fragte ich nach den Gründen, nahm er es als Anlass, mir erneut vorzuhalten, wie dumm ich doch sei.

Qual ist Qual. Was als schlimmere Qual empfunden wird, ist subjektiv. Aber eines ist, denke ich, für jeden Menschen gleich: ein dauerhafter und nicht enden wollender Schmerz ist schlimmer als ein kurzer vorübergehender.

Als ob jemand mit einem stumpfen Messer ganz langsam einen Körperteil nach dem anderen amputiert. Dabei lächelt er dir ins Gesicht und säuselt liebevoll in dein Ohr: „Ich meine es wirklich nur gut mit dir. Wärst Du klüger, verstündest du es."

Vertrau mir,

die Schläge dienen nur deiner Erkenntnis.

Vertrau mir,

die Ketten dienen nur deiner Sicherheit.

Vertrau mir,

das Messer dient nur deinem Schutz.

Vertrau mir,

ich bin nicht der, der dich benutzt.

Es sei nur zu meinem Besten, wenn er mich züchtigte. Es sei nur zu meinem Besten, wenn er mich erniedrigte. Es sei einfach ausnahmslos alles zu meinem Besten, was mir Schmerz bereitete. Denn dieser Schmerz bringt mich dazu, über die Dinge nachzudenken, zur Einsicht zu kommen und ein besserer Mensch zu werden.

Er sei die vertrauenswürdigste und ehrlichste Person auf dieser ganzen Welt. Und dabei sei er völlig selbstlos, denn er nähme sogar in Kauf, dass seine Ehrlichkeit und Offenheit wieder zum Streit zwischen uns führen könne.

Ich konnte ihm oft nachweisen, dass er nicht ehrlich war, aber dann wurden die offensichtlichen Tatsachen einfach verdreht. Bei den wagen Aussagen, die in der Regel von ihm kamen, war das kein Problem. Er formulierte einfach alles so, dass ein ausreichender Interpretationsspielraum gegeben war. Tat er es unbedacht einmal nicht, dann hatte ich es einfach nur falsch verstanden.

Ich konnte dieses Spiel einfach nicht gewinnen. Wie sollte man mit jemandem leben, dem man weniger vertraut als seinen Feinden? Der Liebe mit Züchtigung verwechselte?

Zu diesem Zeitpunkt fehlte mir noch die Kraft, das Blatt zu wenden.

Wenn dein Herz vor Kälte klirrt,

dein Verstand sich wieder und wieder irrt.

Wenn deine Seele kommt in höchste Not,

dann rette dich vor dem sicheren Tod.

Diese Kraft sollte aber schon bald in mir geweckt werden.

Mein Herz war längst völlig erfroren. Da war kein warmer Blutstrom mehr, nicht einmal im kleinsten und engsten Blutgefäß. Meine Seele glich der Oberfläche einer ausgetrockneten Wüste. Sie war rissig, porös, trocken und verstaubt.

Immer wieder durchlebte ich Situationen, in denen ich an meiner Wahrnehmung und meinem klaren Verstand zweifelte. Das war sein Nährboden.

Aber es gibt Kräfte in einem Menschen, die schlummern vor sich hin und warten darauf, geweckt zu werden. Und diesen Moment gab es, als ich mich mit der Angst um Leben oder Tod konfrontiert sah. Mein Leben hätte ich gegeben, aber nicht das meiner Kinder. Niemals.

Ich wagte den entscheidenden Schritt. Ich handelte instinktiv und war dabei ganz klar. Fokussiert auf das Ziel.

Aus heutiger Sicht, so dramatisch aber auch sarkastisch es klingen mag, ein absoluter Glücksmoment. Womöglich würde ich noch heute in dieser modernen Sklaverei leben.

Es war ein langer beschwerlicher Weg, den ich gehen musste. Heute bin ich wieder glücklich und schließe mit diesem Kapitel meines Lebens in Frieden ab.

Kurzbiografie

Christine Arnim wurde 1963 in Norddeutschland geboren.

In ihrer Ehe körperlich und emotional missbraucht, nach der Trennung weiterhin terrorisiert, sah sie keine andere Chance, als Deutschland zu verlassen, um sich und ihre drei Kinder zu schützen.

Was als traumhafte Partnerschaft begann, endete mit einem Albtraum. Es ging um Erniedrigung, Macht, psychologische Kontrolle und die Zerstörung ihrer Persönlichkeit.

In ihren Texten verarbeitet Christine Arnim diese schwere Zeit.

Noch heute fällt es ihr schwer, diesen Teil Deutschlands, an dem ihr so viel Leid zugefügt wurde, aufzusuchen.

Christine Arnim ist ein von ihr selbst gewähltes Pseudonym, um ihr inzwischen in konstanten Bahnen verlaufendes Leben nicht zu gefährden.